W0177104

Erwin Kräutler

Als Gott einer von uns wurde

Erwin Kräutler

Als Gott einer von uns wurde

Gedanken zur Weihnachtsbotschaft

Tyrolia-Verlag · Innsbruck-Wien

Mitglied der Verlagsgruppe „engagement"

2017
© Verlagsanstalt Tyrolia, Innsbruck
Umschlaggestaltung und Layout: Tyrolia-Verlag
nach einer Vorlage von Michael Karner, Gloggnitz
Druck und Bindung: FINIDR, Tschechien
ISBN 978-3-7022-3630-4
E-Mail: buchverlag@tyrolia.at
Internet: www.tyrolia-verlag.at

INHALT

In Europa werde ich immer wieder gefragt, wie Weihnachten in Amazonien gefeiert wird, und es fällt mir jedes Mal nicht leicht, die Frage zu beantworten. Oft sage ich schlicht: »Natürlich ohne Schnee oder klirrende Kälte! Und nach dem Schlusssegen der Weihnachtsmette wische ich mir den Schweiß von der Stirn.« Aber das sind Belanglosigkeiten.

Immer mehr fällt mir auf, wie gerade an Weihnachten die sozialen Unterschiede in aller Härte zum Ausdruck kommen. Die Schere zwischen Arm und Reich öffnet sich bedrohlich, die Kluft zwischen Menschen, die mehr als genug, und denen, die wenig oder gar nichts haben, wird von Jahr zu Jahr größer. Auf der einen Seite skandalöser Luxus, auf der anderen Seite Familien in Armut und Elend, ausgebeutet, diskriminiert, von Grund und Boden vertrieben, hungrig und krank. Muss das wirklich so sein?

Weihnachten ist für bestimmte Gesellschaftsgruppen Anlass für protzige Einkäufe. An Stelle des Christkindes hat ein widerlicher Weihnachtsmann-Kitsch Einzug gehalten und verdrängt immer mehr das originelle brasilianische Brauchtum der Herbergssuche, der Krippenspiele und der Drei-Königs-Besuche von Haus zu Haus. Schon ab Ende Oktober plärren Lautsprecher aus Buden und Supermärkten in ohrenbetäubender Lautstärke »Jingle Bells« und andere meist nordamerikanische Weihnachtslieder durch die Gegend. Es geht darum, bei den »festas de fim de ano« – Feste zum Jahresende – den größtmöglichen Umsatz zu erzielen. Geschenke werden zum Statussymbol. Das Wort »Weihnachten« wird vermieden. Keine Krippe, kein Christkind. Stattdessen ein in rotem Plüsch oder Samt gehüllter, wattebärtiger, gestiefelter Bursche mit einer über die Ohren gezogenen Zipfelmütze. All dies bei über 30 Grad im Schatten!

Arme oder weniger bemittelte Familien feiern Weihnachten entschieden anders. Es gibt kaum Geschenke. Dazu reicht das Geld nicht. Für diese Bevölkerungsschichten ist die Geburt Jesu im Stall von Betlehem tatsächlich noch der Mittelpunkt des Festes. In den Kirchen und Kapellen der kleinen Gemeinden drängen sich Jung und Alt zur wundervoll und großzügig gestalteten Krippe und bewundern die Figuren. Die Gottesdienste, die allermeisten ohne Priester, dauern lange. Die Leute haben Zeit. Sie freuen sich, miteinander zu feiern. Sie beten und singen und die Inszenierung der Weihnachtsgeschichte gehört längst zur Tradition. Nach dem Gottesdienst gibt es ein gemeinsames Mahl. Jede Familie hat etwas mitgebracht. Der Weihnachtstisch ist gedeckt. An diesem Tag werden alle satt. Dann gehen sie in ihre einfachen Häuser zurück. Der Alltag umfängt sie wieder. Und dennoch, die Leute freuen sich über die erhebende, von ihnen selbst gestaltete Feier der Weihnacht. Die Erinnerung an das Fest klingt lange nach.

Bei jeder Eucharistiefeier in Brasilien oder bei den von Laien mit viel Sorgfalt vorbereiteten und geleiteten Wortgottesdiensten ist die Weihnachtsbotschaft das ganze Jahr hindurch aus dem Munde des Volkes zu hören. Auf das einleitende »Der Herr sei mit euch!« antwortet die versammelte Gemeinde nicht mit dem seltsamen »Und mit deinem Geiste«, sondern ruft beglückt: »Er ist in unserer Mitte!«. Gott ist im Stall von Betlehem ein »Gott-mit-uns« geworden. Er wurde Mensch und die Ersten, die davon erfuhren, waren Hirten, arme Leute auf den Feldern außerhalb der Stadt. »Fürchtet euch nicht, denn ich verkünde euch eine große Freude, die dem ganzen Volk zuteilwerden soll: Heute ist euch in der Stadt Davids der Retter geboren; er ist der Messias, der Herr« (Lk 2,10–11).

Gott ist arm geworden, ein »Kind, das in Windeln gewickelt in einer Krippe liegt« (Lk 2,12). Weihnachten verwirklicht die Option Gottes für die Armen und alle jene Menschen, die an den Rändern der Gesellschaft leben. Gott sieht nicht nur das Elend oder hört den Schrei der Armen (vgl. Exodus 3,7), sondern wird selbst arm, ja sogar bis zum Äußersten. Arm kommt er zur Welt – außerhalb der Stadt Betlehem. Arm und entblößt stirbt er am Kreuz – außerhalb der Stadt Jerusalem. Doch gerade in dieser totalen Armut und Entäußerung des Sohnes Gottes nimmt die größte Revolution der Menschheitsgeschichte ihren Anfang: die Revolution der Liebe.

»Die Liebe hört nie auf!« (1 Kor 13,8). »Gott ist die Liebe« (1 Joh 4,16). Wo die Liebe gelebt wird, da ist Weihnachten. Da ist Gott.

»Er ist in unserer Mitte!«

GOTT WENDET SICH DEN GERINGEN ZU

>>Du wirst ein Kind empfangen,
einen Sohn wirst du gebären:
dem sollst du den Namen Jesus geben.<<

(Lk 1,31)

Nach dieser Verheißung des Engels macht sich Maria
auf den Weg und besucht in den Bergen von Judäa
ihre Verwandte Elisabeth. Die Begegnung der beiden schwangeren Frauen wird zu einem Lobpreis der
Größe des Herrn:

Gott wendet sich den Geringen zu,
den Verachteten, den Armen,
den Ausgeschlossenen, den Hungernden
und beschenkt sie mit seinen Gaben.

Millionen Menschen leiden unter großer Armut.
Sie hausen in Elendshütten, ohne Arbeit,
ohne Geld für das tägliche Brot.

Gott schenkt sein Erbarmen allen, die ihn ehren.

Kranke warten vergeblich auf einen Arzt oder
Medikamente. Sie beten um ein Wunder oder um
den baldigen Tod.

Sein starker Arm vollbringt große Taten.

Täglich verhungern tausende Kinder auf der Welt.
Sie haben nie gespielt, gelacht, gelebt,
sondern starben vor der Zeit.

Er beschenkt mit seinen Gaben die Hungernden.

Jugendliche ohne Arbeit verfallen den Drogen und
der Kriminalität. Geborgenheit in einer Familie ist
ihnen fremd.

Er nimmt sich gütig seiner Kinder an.

KEIN PLATZ IN DER HERBERGE

> »... weil in der Herberge kein Platz
> für sie war« (Lk 2,7)

Warum ist in Betlehem kein Platz in der Herberge?
Wer schickt da Obdach Suchende einfach weg?
Wollen andere Gäste ungestört bleiben?
Sind sie misstrauisch und haben sie Angst vor Frem-
  den?
Kommen diese Leute denn nicht aus dem berüchtig-
  ten Galiläa? Und noch dazu diese hochschwangere
  Frau an der Tür! Wer weiß, vielleicht setzen schon
  bald die Wehen ein!
Gefährdet ein Säugling nicht Komfort und Nacht-
  ruhe?

Brasilien ist das größte Land von Südamerika.
Und trotzdem ist kein Platz
für indigene Völker,
  die aus ihrer Heimat vertrieben werden,
für Arme,
  die bettelnd am Straßenrand den Tourismus
  stören,

für Familien,

    die sich der Verwüstung ihrer Mit-Welt

    widersetzen,

für kleine Landwirte,

    die riesigen Zuckerrohr- und Sojafarmen weichen

    müssen,

für Frauen,

    die sich hilflos und verschmäht mit ihren Kindern

    durchfretten,

für alle Menschen,

    denen das Recht auf Leben abgesprochen wird.

EIN KIND KOMMT ZUR WELT

»Das Volk, das im Dunkeln lebt,
sieht ein helles Licht.« (Jes 9,1)

Ein Kind kommt zur Welt!
O gesegnete Nacht!

Die Dunkelheit ist überwunden,
der Morgen leuchtet,
das Licht erstrahlt.

Der Glaube erblüht,
die Hoffnung erstarkt,
die Liebe hört niemals auf.

Das Alte ist vergangen,
eine neue Zeit bricht an,
die Ewigkeit beginnt.

Die Gerechtigkeit siegt,
Leben erwacht,
Friede erfüllt die Erde.

Ein Kind kommt zur Welt.
Gott ist mit uns!

LEUCHTE, DU WAHRES LICHT

>»Das wahre Licht,
das jeden Menschen erleuchtet,
kam in die Welt« (Joh 1,9)

Leuchte, du wahres Licht,
wenn wir nach dem Sinn des Lebens suchen,
wenn Sorgen uns plagen,
wenn wir Leid erfahren.

Brenne, du göttliches Licht,
wenn wir die Geduld verlieren,
wenn uns Misstrauen lähmt,
wenn unser Einsatz notwendig ist.

Glühe, du himmlisches Licht,
wenn wir für Recht und Gerechtigkeit eintreten,
wenn uns Schwestern und Brüder um Hilfe bitten,
wenn wir die Schöpfung und die Würde der Menschen verteidigen.

Durch das Hauptportal tritt das »traute, hochheilige Paar« in die Kirche von Porto de Moz. So heißt es im Lied »Stille Nacht«. Wie vor zweitausend Jahren sind zwei Menschen auf der Suche nach einer Herberge. Josef ist um Maria besorgt, die ihre Schwangerschaft mit einem Kissen andeutet.

Pedro ist in die Rolle eines Reichen geschlüpft, der die beiden kaltherzig abweist: »Ohne Geld gibt es bei mir kein Quartier. Nur wer bezahlen kann, wird eingelassen und versorgt!«

Aus dem Dunkel kommt plötzlich ein Stallknecht in zerfetztem Gewand, den Hut tief ins Gesicht gezogen. Er tritt auf die beiden zu und zeigt sich gerührt: »Ich kann zwar kein Zimmer anbieten, aber in meinem Stall da drüben kann ich euch einlassen.«

Der Knecht, Francisco ist sein Name, begleitet Maria und Josef zu einem improvisierten Stall. Gleich kommen zwei Männer mit einem großen Leintuch und halten es hoch, um das weitere Geschehen zu verbergen. Die Geburt eines Kindes ist ein intimes Ereignis, nicht für eine schaulustige Menschenmenge bestimmt.

Nach einigen Minuten neugieriger Erwartung öffnet sich der Vorhang und da knien Maria und Josef vor dem Säugling, der schreiend strampelt und sich die Windeln abstreift. Maria hat ihre liebe Not, das entblößte Kind zuzudecken.

Fátima erscheint als Engel in weißem, wallendem Gewand. Die Hirten, Männer und junge Burschen aus dem Volk, erfahren die Botschaft von der Geburt Jesu. Sie machen sich auf den Weg und finden das Kind mit Maria und Josef. Sie haben auch Geschenke für das Kind mitgebracht: Reis, Maniok und ein kleines Bäumchen. Warum dieses Bäumchen? Wollen die Hirten damit Jesus auf die Zerstörung von Amazonien hinweisen?

Die Engel beginnen zu singen: »Ehre sei Gott in der Höhe und Friede den Menschen seiner Gnade«. Daraufhin ruft ein Hirte der versammelten Gemeinde zu: »Das sind die Worte der Frohen Botschaft!« Alle sind begeistert, spenden langen Applaus und singen schließlich mit frohen Gesichtern »Noite Feliz«. Das deutsche »Stille Nacht« wurde in der portugiesischen Fassung des Liedes als »Glückliche Nacht« übersetzt.

Wenn die Leute dieses ergreifendste Weihnachts-
lied aller Zeiten singen, erinnere ich mich an meine
ersten Weihnachten am Xingu. Ich kannte damals
den brasilianischen Text noch nicht und sang einfach ganz leise mit, so wie ich das Lied zuhause
mit meinen Eltern und Geschwistern und dann im
»Engelamt« – damals noch um Mitternacht – in
der Pfarrkirche zum Heiligen Kilian in Koblach ge-
sungen hatte.

Nach dem Gottesdienst, jetzt in Porto de Moz,
fragte mich ein Ministrant, der bemerkt hatte, dass
ich in einer anderen Sprache sang: »Padre Erwin,
singt man dieses brasilianische Lied in deiner
Heimat auch?« Natürlich antwortete ich mit Ja,
habe ihm aber nicht gesagt, dass dieses Lied aus
Österreich stammt. Warum sollte ich auch? »Stille
Nacht« ist längst Weltkulturerbe und dem Mi-
nistranten nun erklären, wo Österreich liegt, wäre
wirklich zu umständlich gewesen. Weihnachten ist ja
nicht dazu da, Geographieunterricht zu erteilen.

Aber das »Stille Nacht« in jener Heiligen Nacht in
Porto de Moz hatte noch ein Nachspiel. Ich erlebte
am eigenen Leib, was das »einsam wacht« bedeutet. Ich wohnte im alten, baufälligen Pfarrhaus, wo

Vampirfledermäuse in allen Räumen und Zimmern ihr Unwesen trieben. Nach den Feierlichkeiten in der Kirche und – schon damals – einem Weihnachtsschmaus legte ich mich gegen zwei Uhr früh in die Hängematte und spannte das Moskitonetz auf. Nicht etwa um mich vor Stechmücken zu schützen, sondern um die Vampirfledermäuse abzuhalten. Dom Clemente, der zu dieser Zeit Bischof vom Xingu war, fand beim Aufwachen hier einmal eine Blutlache unter seiner Hängematte vor. Eine Vampirfledermaus hatte die Zehe des schlafenden Bischofs mit ihrem Flügelschlag umfächelt und ihn dabei auch gleich mit ihren spitzen Zähnen gebissen. Dem wollte ich vorbeugen.

Ich lag nun endlich friedlich in der Hängematte und schlief auch gleich ein. Auf einmal aber ging ein Wolkenbruch über Porto de Moz nieder. Durch das schadhafte Dach drang der Regen unbarmherzig bis zu meiner Hängematte durch. Es blieb mir nichts anders übrig, als aufzustehen. In den anderen Zimmern und am Gang begann ich nach einer geeigneten Schlafstelle zu suchen. Doch ich musste bald aufgeben. Im ganzen Haus war keine trockene Stelle. Es blieb mir nichts anderes übrig, als mich über zwei Stunden mit eingerollter Hängematte schläfrig an eine Wand zu lehnen und auf das Ende des Regens zu warten. Ich fühlte mich elend und erinnerte mich an das »alles schläft, einsam wacht« aus der ersten Strophe von »Stille Nacht«. Tatsächlich schlief ganz Porto de Moz inzwischen. Ich aber stand an eine Wand gelehnt, mutterseelenallein in einem Haus mit einem schadhaften Dach: »einsam wacht«. Jesus kam arm auf die Welt. In einem Stall! War das Dach über der Krippe vielleicht auch undicht?

WER SCHWEIGT, KANN GOTTES WORT HÖREN

»Als tiefes Schweigen das All umfing
und die Nacht bis zur Mitte gelangt war,
da stieg dein allmächtiges Wort
vom Himmel herab.« (Weish 18,14–15)

Wer schweigt, kann Gottes Wort hören.
Wer still wird, kann Gottes Ruf vernehmen.
Wer wach ist, kann Gottes Gegenwart spüren.
Wer sein Herz öffnet, kann Gott begegnen.
Wer seine Hände ausstreckt, kann Gott umarmen.
Wer sich selbst vergisst, vermag Gott zu lieben.

Wer schweigt, kann den Schrei der Armen hören.
Wer still wird, kann das Weinen der Kinder vernehmen.
Wer wach ist, kann fremde Not spüren.
Wer sein Herz öffnet, kann anderen begegnen.
Wer seine Hände ausstreckt, kann Menschen umarmen.
Wer sich selbst vergisst, vermag die Nächsten zu lieben.

»Er ist unser Friede« (Eph 2,14)

Als im Stall zu Betlehem
ein Kind das Licht der Welt erblickte,
ist die Liebe Gottes Mensch geworden.

Jesus hat die Armen geliebt,
Trauernde getröstet,
Hungrige gespeist,
Ausgegrenzte geachtet,
Kinder gesegnet,
Kranke geheilt
und für seine Verfolger gebetet.
Er ist der Weg zu Liebe, Gerechtigkeit und Frieden.

Friede wird dann sein,
  wenn wir die Würde aller Menschen achten,
  wenn wir Vorurteile überwinden,
  wenn wir uns als Geschwister begegnen,
  wenn wir uns für die Nöte anderer öffnen,
  wenn wir in Ausgegrenzten unsere Nächsten
  erkennen,

wenn wir mit den Armen in liebender Solidarität
teilen,
wenn wir unsere Erde vor Zerstörung bewahren,
wenn wir die Schöpfung sorgsam pflegen,
wenn Gerechtigkeit unser Handeln bestimmt,
wenn Gottes Liebe durch uns erstrahlt.

In Altamira verlief der 24. Dezember für mich sehr hektisch. Viele wussten von meiner Abreise am späten Nachmittag und nutzten, wie so oft, die letzten Minuten, um mich zu sprechen oder einfach persönlich Frohe Weihnachten zu wünschen und eine entsprechende Karte zu übergeben. Schließlich begann ich, meine Siebensachen zusammenzupacken. Um 19:00 Uhr verabschiedete ich mich von padre Frederico: Frohe Weihnachten!

Die Straße nach Vitória ist, entgegen der sonst hier üblichen Verhältnisse, bis neun Kilometer vor der Hafenstadt sehr gut befahrbar. Sie wurde in den letzten Monaten mit einer dünnen Asphaltdecke belegt. »Pintura asfáltica« heißt das hier und ist kaum übersetzbar, denn in Europa bedeutet Asphalt eben Asphalt. Hier handelt es sich um eine Mischung aus Sand und Bitumen, die über Lehm und Kies verteilt wird. Alle wissen wir, dass dieser Fortschritt die Regenzeit nicht überdauern wird. Schlaglöcher auf einer »asphaltierten« Straße sind weitaus gefährlicher als auf dem bisherigen Lehm- und Schotterweg. Nach ungefähr 40 Minuten war ich bereits in Vitória. Es gab Zeiten, in denen ich für dieselbe Strecke von 45 Kilometern eineinhalb Stunden oder mehr benötigte.

Padre Sérgio hatte mir vor ein paar Tagen erklärt, der Weihnachtsgottesdienst sei für 20:00 Uhr vorgesehen. Er hatte sich um eine Stunde geirrt. Das merkte ich, als ich vor der Kirche anhielt. Das Portal war verschlossen, das Kirchenschiff im Dunkeln. Ich war sogar froh darüber. Es ist so ganz gegen meine Gewohnheit, gleichsam mit Blaulicht und Sirene in einer Ortschaft einzutreffen und sofort nach der Ankunft, ohne mit den Leuten auch nur ein Wort gewechselt zu haben, den Gottesdienst zu beginnen.

Um 20:30 Uhr läutete es zum ersten Mal und durch den Lautsprecher vom Kirchturm hörte ganz Vitória zur Einstimmung auf das Christfest Weihnachtslieder.

Die Leute hier kennen mich seit Jahrzehnten. Viele habe ich getauft, viele Ehen wurden vor mir geschlossen. Ich habe als Priester in Vitória beinahe fünfzehn Jahre gedient und bin sogar ein bisschen stolz darauf, zusammen mit dieser Gemeinde die schöne Kirche gebaut zu haben.

Eines Sonntagmorgens kam ich von Altamira nach Vitória. Die vorangegangene Nacht hatte es stark geregnet. Die damalige Kapelle war von den Unbilden der Witterung schon arg gezeichnet, obwohl sie erst seit etwa 30 Jahren im Dorfzentrum stand. Sie war auf Lehm gebaut. Wenn ein Gebäude auch noch so klein ist, braucht es dennoch ein Fundament. Padre Frederico hatte diesbezüglich gelegentlich mit dom Clemente, dem ersten Bischof vom Xingu, seine Reibereien. Zement war Mangelware am Xingu und deshalb sehr teuer und dom Clemente konnte nicht verstehen, warum man Zement für ein Fundament »verschwenden« sollte, das im Boden verschwindet und von keinem Menschen gesehen wird. Na ja, der Bischof hatte bei seiner Weihe durch die Handauflegung nicht gleichzeitig das Charisma eines Baumeisters oder Architekten eingeflößt bekommen.

Allerdings hatte diese fachliche Unkenntnis in Vitória sehr nachteilige Folgen. An diesem Sonntagmorgen stand ich vor der Kapelle, die zu meinem Schrecken beinahe schon eine Ruine war. Ein Drittel des Gotteshauses war eingefallen. Es kam mir damals die Stelle vom Mann im Evangelium in den Sinn, »der sein Haus auf Sand baute. Als nun ein Wolkenbruch kam und die Wassermassen heranfluteten, als die Stürme tobten und an dem Haus rüttelten, da stürzte es ein und wurde völlig zerstört« (Mt 7,26–27). Es war tatsächlich so. Die tropischen Regengüsse verwandelten die Straßen, die an beiden Seiten vorbeiführten, zu Bächen. Die Wassermassen höhlten die Fundamente aus, die ja in Wirklichkeit gar nicht oder kaum existierten. Der Einsturz war vorprogrammiert. Eines Tages musste dieses Unheil geschehen.

Wie der heilige Franziskus vor San Damiano, so stand ich an jenem Sonntagmorgen in Vitória vor der Kapelle Unserer Lieben Frau, Hilfe der Christen. Auch ich hörte die Stimme »Stelle mein Haus wieder her!«. Der heilige Franziskus hatte sich sofort darangemacht, die halbverfallene Kirche bei Assisi zu reparieren. Die Stimme, die er im 13. Jahrhundert vernommen hatte, hatte jedoch eine andere Bedeutung. Franziskus erkannte dies erst nach und nach. Gott wollte von ihm nicht die Ausbesserung eines baufälligen Kirchenraumes. Gott hatte den jungen, bisher in Vergnügen und Leichtsinn lebenden Sohn des reichen Kaufmanns Bernardone auserwählt, der Kirche neue Impulse zu geben, sie zum Evangelium zurückzuführen. Und das tat er dann auch wirklich. Kaum jemand ist im Laufe aller Jahrhunderte so radikal dem Herrn nachgefolgt und hat das Evangelium zur Richtschnur seines Lebens gemacht.

In Vitória war die Stimme aber recht wörtlich zu nehmen. Hier musste das Gotteshaus tatsächlich wiederhergestellt werden. Das Volk Gottes brauchte ein Haus, um sich zur Eucharistie, zum Gebet, zur Feier der Sakramente versammeln zu können. Eine Reparatur war nun keine Alternative mehr, wenn wir auch zunächst das entstandene Loch stopften und hofften, den Raum noch einige Zeit benutzen zu können. Die Ruine schien mir jedoch zu gefährlich. Wer weiß, beim nächsten Gewitter bricht der andere Teil ein. Eine Generalsanierung des Bauwerks bedeutete letztlich, eine neue Kirche zu bauen. Ein Kirchenbau aber kostet Geld und daran mangelte es, ganz besonders in Vitória.

Ich appellierte damals vor allem an meine Heimatgemeinde Koblach und an Freunde in Österreich. Vitória steuerte das Scherflein der Witwe bei, von der Jesus sagte, »diese Frau, die kaum das Nötigste zum Leben hat, sie hat alles gegeben, was sie besaß« (Mk 12,44).

Vorläufig zogen wir in einen benachbarten Schulsaal um. Er war ebenerdig, so konnten die Leute, die keinen Platz mehr im Raum fanden, von außen

durch die Fensteröffnungen dem Gottesdienst bei-
wohnen. Die Lüftung war durch die zahlreichen
Gläubigen an jedem Fenster des mit Eternitplatten
gedeckten, niedrigen Raumes entsprechend behin-
dert. Wenn ich an diese Zeit denke, steigt mir heute
noch der Schweiß aus den Poren. Ich glaube, wir
haben damals bei 45 bis 50 Grad Celsius die heilige
Messe gefeiert.

Die alte Kapelle lag im Zentrum des Dorfes und
wurde genau an der Stelle der »Casa Grande« des
Coronel José Porfírio gebaut, der 1895 aus Bahia
in diese Gegend gekommen war und sich durch bis
heute nicht geklärte Machenschaften ausgedehnte
Ländereien angeeignet hatte. Seine »Casa Grande«
hatte dasselbe Schicksal erlitten wie die spätere Kapelle. Eines Tages brach sie in sich zusammen. Die
Marmorstufen, die zum kleinen Palast dieses selbst-
ernannten Landgrafen geführt hatten, wurden für
die Kapelle verwendet.

Ein Grundstück in einer anderen Gegend des
Dorfes zu erwerben, schien für alle Einwohner
Vitórias undenkbar. Die Kirche gehört zum Dorfplatz, der Dorfplatz zur Kirche. So begannen wir
hinter der Ruine der alten Kirche die neue zu bauen,
diesmal mit einem Fundament, das auf die Boden-

beschaffenheit Rücksicht nahm. Padre Frederico zeichnete die Pläne und ließ sich dabei von Fachleuten beraten. Ich denke, selbst bei einem Erdbeben – Gott verhüte es! – würde diese Kirche nicht einstürzen. Es ist ein wunderschönes Gotteshaus geworden. Wenn man vom Unteren Xingu in den Tucuruí einbiegt und sich Vitória langsam nähert, fällt der Blick plötzlich auf die weiße Kirchenfassade mit dem Kreuz, die aus einem satten Grün herausragt. Am 13. November 1977 feierte ich das erste Mal in der neuen Kirche mit dem Volk Gottes von Vitória Eucharistie. Am Weihnachtstag desselben Jahres weihte Bischof Erich, mein Onkel, die neue Kirche. Gleichzeitig spendete er vielen jungen Leuten das Sakrament der Firmung. Es war ein unvergessliches Fest! Beim Eucharistischen Hochgebet war dom Eurico schon ziemlich müde. Er stimmte immer gerne die Zwischenrufe des Volkes an, die hier üblich sind. Beim ersten hatte er bereits einige Mühe und musste sogar bei einzelnen Silben unterbrechen, um Luft zu holen. Vor dem zweiten gab er mir mit dem Ellbogen einen Stoß und flüsterte mir im Koblacher Dialekt zu: *»Sing iatz du!«* Das liegt nun schon viele Jahre zurück.

Und wieder ist Weihnachten! Als ich kurz nach halb neun in die Kirche eintrat, waren einige Bänke bereits besetzt. Gerne begrüße ich jede und jeden persönlich, zunächst diejenigen, die schon Platz genommen haben. Ganz vorne in der ersten Bank sitzt ein Ehepaar mit einem Kleinkind, das die Mutter gerade stillt. Es ist noch winzig klein. Ich frage: »Wie alt ist denn das Baby?«. »Heute ist es genau 30 Tage auf der Welt!«, antwortet die Mutter lächelnd. Ich gratuliere dem Ehepaar und zeichne dem Kind an der Mutterbrust das Kreuzzeichen auf die Stirn. Die Eltern bedanken sich gerührt für die guten Wünsche, die ich ihrem Spross mit auf den Weg gegeben habe.

Dann stelle ich mich an das Kirchenportal, schüttle Hände und umarme alle, Groß und Klein, die eintreffen. Kinder strecken mir ihr Händchen entgegen und erbitten den Segen. »Bêns«, höre ich immer wieder aus Kindermund. Die Kleinen haben noch Mühe, den portugiesischen »ão«-Laut gleichzeitig aus Kehle und Nase hervorzubringen, und so wird aus »bênçao« (Segen) ein kindlich abgekürztes »bêns«.

Von allen Straßen und Gassen strömen die Menschen herbei und das Gotteshaus füllt sich bis auf den letzten Platz. Für gar manche gab es nur noch Stehplätze.

Jung und Alt hat sich herausgeputzt und, trotz der Armut, festlich gekleidet. Das ist charakteristisch für die Menschen in Amazonien. Es kann zuhause an allem fehlen und der Festtagstisch nur sehr spärlich gedeckt sein – auf Wohnkultur legen die meisten keinen großen Wert, es fehlt ihnen auch das nötige Geld dazu –, aber hübsch wollen sie alle sein! Und dazu benötigen sie nicht viele Kleidungsstücke. Wer kennt in dieser Gegend schon einen Mantel, eine Jacke, einen Pullover, eine Pelzkappe oder dergleichen. Die immer gleichbleibenden Temperaturen verlangen keine besondere Vorsorge für eine kalte Jahreszeit. Niemand kann sich vorstellen, dass das Thermometer auf null Grad und darunter sinken kann. Wenn ich den Leuten erzähle, dass dies in anderen Klimazonen, ja sogar im Süden Brasiliens möglich ist, blicken sie mich ungläubig an. Es gibt keinen Winter. In Nordbrasilien wechseln nur Regenzeit und Trockenzeit einander ab.

Kinder, viele Jugendliche, junge Ehepaare mit einem Säugling auf dem Arm, natürlich auch ältere Frauen und Männer sind gekommen, um mit dem Bischof und Padre Sérgio das Geheimnis der

Heiligen Nacht zu feiern. In der Mehrzahl sind es Leute im Alter von zehn bis vierzig Jahren. Manchem Mädchen trocknen erst während der Feier die Haare, die es kurz vor dem Kirchgang gewaschen hat. Am Schminken haben die jungen Damen eine besondere Freude. Schon mit zehn Jahren oder weniger greifen sie zum Lippenstift, tragen Lidschatten auf, verstärken die Augenbrauen, tönen ihre Wangen mit Rouge, machen ausgiebig Gebrauch von Nagellack. Diese Lust an der Körperbemalung ist ihnen sicher von ihren indigenen Vorfahren in die Wiege gelegt worden. Nur die Art dieser Kunst hat sich geändert und im Laufe der Zeit auf Gesicht sowie Finger- und Zehennägel reduziert.

Die Feier der Heiligen Nacht beginnt. Auch heuer verkünde ich nicht selbst das Weihnachtsevangelium. Áurea, Katechetin und Lehrerin in Vitória, sagte mir vor Beginn des Gottesdienstes, dass das Evangelium »wie immer« inszeniert würde. Letztes Jahr war sie selbst die Maria. Heuer hat die Firmgruppe das Weihnachtsspiel übernommen. Die Lichter im Kirchenschiff erlöschen. Nur der Altarraum ist beleuchtet und wird zur Bühne. Maria und Josef kommen durch das Portal in die Kirche und suchen nach einer Herberge. Das Paar findet schließlich vorne, neben dem Altar, den Unterstand. Die hübsche achtzehnjährige Regiane sieht wirklich aus wie eine Madonna in ihrem blauen Tuch, das sie über Kopf und Schultern gezogen hat. Josef zeigt auf den Stall: »Maria, meine Liebste, wir haben keine andere Wahl, es sei denn hier zu bleiben!« »Mein Gott, die Wehen!«, keucht Maria, »aber es wird alles gut werden, Josef!« Und Josef beugt sich zärtlich über Maria: »Hab keine Angst, Liebste! Ich halte dich fest in meinen Armen! Es tut mir so furchtbar leid, dass wir überall abgewiesen wurden. Du wirst das Kind hier bekommen! Gott ist mit uns!«.

Die Worte »Gott mit uns« finden sich in der Erzählung des Matthäusevangeliums über die Geburt Jesu. Josef hatte einen Traum und hörte vom Engel des Herrn: »Josef, Sohn Davids, fürchte dich nicht, Maria als deine Frau zu dir zu nehmen, denn das Kind, das sie erwartet, ist vom Heiligen Geist. Sie wird einen Sohn gebären; ihm sollst du den Namen Jesus geben; denn er wird sein Volk von seinen Sünden erlösen. Dies alles ist geschehen, damit sich erfüllte, was der Herr durch den Propheten gesagt hat: Seht, die Jungfrau wird empfangen, einen Sohn gebären, und man wird ihm den Namen Immanuel geben, das heißt übersetzt: ‚Mit uns Gott‘« (Mt 1,20–23).

Oft erkläre ich dieses Schriftwort zur Weihnachtszeit in den Gemeinden. Der Sohn Gottes, den Maria von Nazaret gebar, scheint nach Matthäus zwei Namen zu haben: Jesus und Immanuel. Jesus bedeutet: Gott erlöst, Gott befreit, Gott heilt, Gott rettet. Immanuel heißt übersetzt: Mit-uns-Gott! Ich verbinde dann diese Stelle mit dem Exodusbericht. Gott sprach zu Mose: »Ich habe gesehen, ich habe gesehen (der Urtext wiederholt tatsächlich diese Worte!) das Elend meines Volkes in Ägypten. Ich habe seinen Schrei gehört. Ich kenne sein Leid. Ich bin herabgestiegen, um es aus der Hand der Ägypter zu befreien« (Ex 3,7–8). Mose wollte damals aber mehr wissen, vor allem, wer Gott ist, und hörte die wunderbare Offenbarung: »Ich bin der ‚Ich-bin-da'« (Ex 3,14). Und das verstehen die Leute allzu gut. Wenn jemand »da« ist, dann ist er »dabei«, »überall dabei«, ist »unter uns«, kennt unser Leid, unsere Armut, unser Elend, geht den Weg »mit uns«, gehört zu uns, streckt uns seine Hand entgegen, führt und leitet uns, erlöst, befreit, heilt, rettet, weil er mit uns ist: »Jesus« ist »Immanuel«! »Immanuel« ist »Jesus«!

Maria setzt sich erschöpft auf die Altarstufe. Josef steht vor ihr und legt schützend seine Hand auf sie.

Für ein paar Augenblicke entzieht sich Maria den Blicken der Leute, die noch im dunkeln Kirchenschiff verharren. Ich sitze aber hinter dem Altar und habe das besondere Privileg, mitzubekommen, was vor sich geht. Ich weiß nicht, wie lange die jungen Leute diese Szene eingeübt haben, aber alles geht so blitzschnell, dass sogar mir aus allernächster Nähe die Abfolge der Handlungen entgeht. Auf einmal ist das Kissen weg, das die Schwangerschaft andeutete. Stattdessen hat Maria das 30 Tage alte Kind aus der ersten Reihe im Arm und legt es fürsorglich in die Krippe. Maria und Josef knien nieder und beten das Kind an. Die Leute klatschen in die Hände.

Der Sakristan war vom Weihnachtsspiel so angetan, dass er vergaß, zum vereinbarten Zeitpunkt die Lichter im Kirchenschiff wieder einzuschalten. Ich musste ihn rufen: »Manoel, mach bitte die Lichter wieder an!« Als die Kirche hell war, ertönte erneuter Applaus. Die jungen Leute konnten ihren Stolz nicht verbergen.

Nun war ich dran. Die Weihnachtspredigt. Ich begann mit einem Dank an die Jugendlichen für die ergreifende Darbietung. »Hebe doch das Jesuskind in die Höhe und zeige es allen Leuten!«, forderte ich Regiane auf und sie tat das auch sofort. Wieder

Applaus! Dann wendete ich mich der wirklichen Mutter des Kindes zu und fragte, wie denn das »Jesuskind« tatsächlich heiße. Die Frau aus der ersten Reihe erhob sich. Laut verkündete sie den Namen ihres Kindes: »Juliana!«. Die versammelte Gemeinde lachte begeistert und freute sich. Der Bischof auch!

In Vitória war an diesem Heiligen Abend das Jesuskind ein kleines, zartes, reizendes, dunkelhäutiges Mädchen!

GOTT – EINER VON UNS

»Ich bin, der mit euch ist« (**Ex 3,14**)

Gott offenbarte sich seinem Volk
als ein Gott, der mit ihm unterwegs ist,
der sieht, der hört, der mit-fühlt,
der aus der Knechtschaft befreit.
Aber er blieb unsichtbar,
unbegreiflich, unfassbar.

»Euch ist heute ein Heiland
geboren« (**Lk 2,11**)

An Weihnachten wird Gott einer von uns.
Seine Botschaft ist Frieden und Gerechtigkeit.
Er wird verfolgt und zum Tode verurteilt,
leidet und stirbt am Kreuz.
Und dennoch, er überwindet den Tod,
heilt und befreit uns von Angst und Not,
umfängt uns mit grenzenloser Liebe.

»Ich bin bei euch alle Tage« (Mt 28,20)

Weihnachten ist,
wenn wir Gottes Gegenwart erfahren
und an seine Liebe glauben.
Die Gewissheit, dass er bei uns ist,
verleiht uns die Kraft, trotz aller Rückschläge,
nicht mutlos zu werden,
für Gerechtigkeit einzutreten,
unsere Mit-Welt zu schützen
und das Leben und die Würde
aller Menschen zu verteidigen.

ICH GLAUBE AN DIE MACHT DER LIEBE

Ich glaube an die Macht der Liebe,
die Grenzen überschreitet,
die persönliche Beziehungen vom Ich zum Du,
vom Ich zum Wir der Weltgemeinschaft
gelingen lässt.

Ich glaube an die Macht der Liebe,
die Tränen trocknet und Wunden heilt,
die Elend und Not mit dem Mantel
der geschwisterlichen Anteilnahme umfängt.

Ich glaube an die Macht der Liebe,
die den Schrei der Armen hört
und ihnen in Solidarität die Hände reicht.

Ich glaube an die Macht der Liebe,
die Zäune abbricht, Mauern niederreißt
und Brücken baut.

Ich glaube an die Macht der Liebe,
die Herzen bewegt und Distanzen
zwischen den Menschen überwindet.

Ich glaube an die Macht der Liebe,
die Leben spendet
und unseren Weg erleuchtet.

Weihnachten offenbart uns diese Macht der Liebe.
Gott wird Mensch, der Mensch in der Liebe vergött-
licht.

EHRE SEI GOTT IN DER HÖHE

»Der Engel sagte zu ihnen: Fürchtet euch
nicht, denn ich verkünde euch eine große
Freude, die dem ganzen Volk zuteilwerden
soll: Heute ist euch in der Stadt Davids
der Retter geboren; er ist der Messias, der
Herr. Und plötzlich war bei dem Engel ein
großes himmlisches Heer, das Gott lobte
und sprach:« (Lk 2,10–11.13)

Ehre sei Gott in der Höhe
und auf Erden Frieden
den Frauen und Männern, die er liebt!

Ehre sei Gott in der Höhe
und auf Erden Liebe, die alle
umfängt und niemanden ausgrenzt!

Ehre sei Gott in der Höhe
und auf Erden Versöhnung
unter den Menschen aller Länder und Kontinente!

Ehre sei Gott in der Höhe
und auf Erden Gemeinschaft
und gerechtes Teilen zwischen den Völkern!

Ehre sei Gott in der Höhe
und auf Erden Achtung und Geschwisterlichkeit
zwischen Rassen und Religionen!

Ehre sei Gott in der Höhe
und eine Welt ohne Gewalt,
ohne Hass, ohne Krieg!

Liebe bewegt Herzen und baut Brücken.
Liebe hört den Schrei der Ausgegrenzten
    und öffnet helfende Hände.
Liebe trocknet Tränen, heilt Wunden
    und lässt Leben neu erblühen.
Liebe überwältigt Hass, besiegt Vorurteile,
    überwindet Herrschaft und Macht.
Liebe strebt nach Gerechtigkeit
    und übt Barmherzigkeit.
Liebe ist der einzige Weg zum Frieden.
Gott selbst ist die Liebe.

»Heute ist euch der Heiland geboren:
Christus, der Herr.« (Lk 2,11)

Die Botschaft von der Geburt des göttlichen Kindes
verkündet der Engel zuerst den Hirten auf dem Feld.
Sie machen sich sogleich auf den Weg.

»Kommt, wir gehen nach Betlehem,
um das Ereignis zu sehen,
das uns der Herr verkünden ließ.«

(Lk 2,15)

Lasst uns nach Betlehem gehen
und den Hungernden ein Stück Brot schenken,
den Obdachlosen Zuflucht geben
und mit den Armen unseren Besitz teilen.

Lasst uns nach Betlehem gehen
und Kranke und Einsame trösten,
für Ausgegrenzte und Verfolgte eintreten
und Fremden eine Heimat bereiten.

Lasst uns nach Betlehem gehen
   und unseren Schwestern und Brüdern
   in Zuneigung und Liebe begegnen.

Lasst uns nach Betlehem gehen
   und Gerechtigkeit, Versöhnung und Frieden leben.

>»Der Menschgewordene ist das
unergründliche Geheimnis der Liebe
Gottes zur Welt. Gott liebt die Menschen.
Gott liebt die Welt.« **(Dietrich Bonhoeffer)**

Wenn Kinder nach Brot und Geborgenheit hun-
  gern, weil sie kein Zuhause haben,
wenn Jugendliche den Drogen verfallen, weil sie
  keinen Lebenssinn finden,
wenn Frauen verachtet und misshandelt werden,
  weil sie »nur« Frauen sind,
wenn Männer keine Arbeit finden, weil sie keine
  Ausbildung haben,
wenn Bauern nicht pflanzen können, weil sie von
  ihrem Land vertrieben werden,
wenn Indios ausgegrenzt werden, weil sie anders
  sind,
dann wollen wir uns einsetzen für Frieden und
Gerechtigkeit, damit auch diese Menschen spüren,
dass Gott sie liebt.

DIE ANBETUNG, DIE GOTT GEFÄLLT

»Sie gingen in das Haus
und sahen das Kind mit Maria,
seiner Mutter;
da fielen sie nieder und huldigten ihm.«

(Mt 2,11)

Gott schuf Himmel und Erde,
Meere und Flüsse, Wälder und Felder,
Tiere und Pflanzen, Blumen und Früchte.

Gott schuf uns nach seinem Bild:
als Frau und Mann.

Gott vertraute uns diese Welt an,
damit wir sie lieben und bewahren.

Als die Zeit erfüllt war,
trat Gott in unsere Geschichte ein,
wurde Mensch, im Kind von Betlehem.

An Weihnachten stimmen wir ein Loblied an
und preisen Gott

für seine zärtliche Liebe,
die er uns schenkt,
in der Herrlichkeit seiner Schöpfung;

für seine unendliche Güte,
denn er ist Mensch geworden,
damit wir das Leben haben;

für seine befreiende Botschaft,
die Licht ist und Hoffnung auf unserem Weg.

Die Schöpfung vor Zerstörung schützen,
das Leben gegen Angriffe verteidigen
und Frieden stiften als Frucht der Gerechtigkeit,
das ist die Anbetung, die Gott gefällt.

AUF DER FLUCHT

>>Da stand Josef in der Nacht auf
und floh mit dem Kind und dessen Mutter
nach Ägypten.<< (**Mt 2,14**)

Auf der Flucht sein:

Quälende Angst,
beißende Ungewissheit,
tagelang Hunger und Durst,
karge Schlafstätten,
stundenlange Fußmärsche,
Schutzlosigkeit und Gefahr.

Weihnachten ganz anders:

Nicht >>Stille Nacht, heilige Nacht<< mit Christ-
baum und Geschenken.
Nein! Josef und Maria fliehen mit Jesus aus ihrer
Heimat in ein unbekanntes Land mit fremder
Sprache, mit anderen Sitten.
Mächtige bedrohen Jesus mit dem Tod.

Weihnachten auf der Flucht:

Tausende Menschen sind auf der Flucht.
Sie wollen in ein Land ohne Krieg und Verfolgung.
Sie wollen leben!

In Brasilien wohnen tausende Indios
in miserablen Baracken oder eingepfercht in
winzigen Reservaten.
Auch sie wurden aus ihrer Heimat, dem Land
ihrer Vorfahren, vertrieben.
Sie wollen leben!

Immanuel – Gott mit uns

Gott ist mit uns auf dem Weg.
Nimmt uns an der Hand,
führt uns heim.

»Seid fröhlich in der Hoffnung,
geduldig in der Bedrängnis,
beharrlich im Gebet« (**Röm 12,12**)

Hoffnung
Unerschütterliches Vertrauen,
Leuchtturm in sternenloser Nacht,
Zuversicht in kummervollen Tagen,
Freude, deren Quelle nie versiegt.

Geduld
Entschlossenheit statt Angst,
Treue in der Anfechtung,
Mut auf dem Weg in eine ungewisse Zukunft,
Unerschrockenheit bis in den Tod.

Gebet
Glühende Begeisterung,
Beharrliches Flehen,
Unstillbare Sehnsucht,
Anbetendes Schweigen.

Seit unvordenklichen Zeiten kennen die indigenen
Völker der Anden den Begriff des Sumak Kawsay –
das gute Leben. Die Enzyklika »Laudato si'« von
Papst Franziskus lässt die Weisheit der Ureinwohner
Lateinamerikas in neuem Licht erstrahlen.

Sumak Kawsay – das gute Leben
hat seinen Ursprung im Vater und Schöpfer allen
Lebens und aller Dinge.

Sumak Kawsay – das gute Leben
wünscht das Miteinander, liebende Solidarität und
gelebte Geschwisterlichkeit.

Sumak Kawsay – das gute Leben
bedeutet eine tief empfundene Harmonie mit der
Mitwelt und Verantwortung für das gemeinsame
Haus.

Weihnachten ist das Fest des Friedens und der Freude.
In Betlehem wird Gott zu Immanuel, zum Gott-mit-uns.

Die Liebe Gottes ist in Jesus Mensch geworden.

Weihnachten ist das Fest der Familie,
des liebevollen Miteinanders.
Das Kind von Betlehem macht uns alle zu
Geschwistern.

Weihnachten ist das Fest der Schöpfung.
Die Geburt Jesu im Stall von Betlehem
macht die Erde zum Gotteshaus, zur Mitwelt Gottes.

AN DER SCHWELLE
EINES NEUEN JAHRES

An der Schwelle eines neuen Jahres
möge uns die weihnachtliche Liebe Gottes neue
Wege aufzeigen und gehen lassen,
die in ein gnadenreiches, gesegnetes, gerechtes
und friedfertiges Jahr führen.

Das wünsche ich dir und allen Menschen,
am Xingu, in Brasilien und auf der ganzen Welt.

Dom Erwin Kräutler